COMMENT TROUVER UN ÉLÉPHANT

Texte de Kate Banks
illustrations de Boris Kulikov

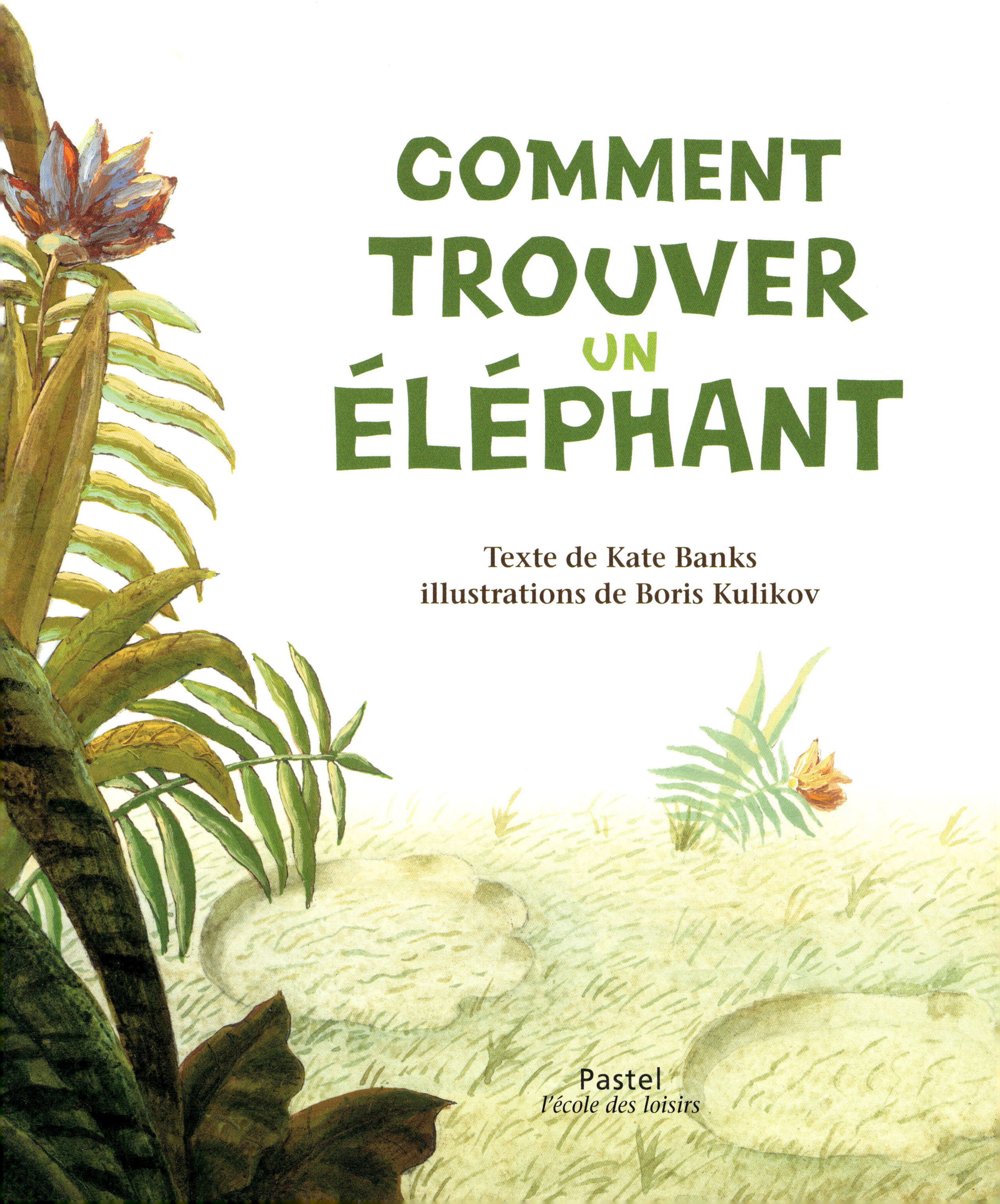

Pastel
l'école des loisirs

Pour Boris. Merci.
KB

Pour Max, Andre, et Yelena.
BK

Titre original : "How to Find an Elephant",
publié par l'intermédiaire de *Farrar, Straus and Giroux Books for Young Readers,* un département éditorial
de *Macmillan Publishing Group, LLC.*

Texte français de Sylvie Goyon

Loi 49 956 du 16 juillet 1949,
sur les publications destinées à la jeunesse.
Dépôt légal : mars 2019
ISBN 978-2-211-23678-2

Typographie la version française :
Architexte, Bruxelles
Imprimé en Italie par *Grafiche AZ*, Vérone

Le meilleur moment pour partir à la recherche d'un éléphant, c'est par un temps gris et maussade. Un jour où les nuages flottent dans le ciel comme des vaisseaux spatiaux et où tu t'ennuies un peu.

Le meilleur endroit pour trouver un éléphant, c'est la nature sauvage. Alors, glisse quelques provisions et une paire de jumelles dans ton sac. Si tu le souhaites, tu peux aussi emporter une flûte. Prends également une couverture, choisis-la garnie de pompons et brodée d'une histoire que tu pourras raconter à l'éléphant.

La première chose à faire, c'est grimper
en haut de l'arbre le plus proche.
Scrute l'horizon avec tes jumelles,

à la recherche d'une grande silhouette grise.
Si tu ne vois aucun éléphant,
prépare-toi à pénétrer dans la jungle.

Sois attentif aux empreintes sur le sol.
Voici à quoi ressemblent celles de l'éléphant.
Mais ne t'attends pas à repérer l'animal au bruit de ses pas :
les éléphants marchent sur la pointe des pieds.

Si tu as soif, arrête-toi près d'un point d'eau pour
te désaltérer. Profites-en pour faire un petit plongeon.

Mais n'oublie pas ceci :
les éléphants sont d'excellents nageurs.

Si tu passes devant une maison,
frappe à la porte et demande poliment :
« Auriez-vous vu passer un éléphant ? »

Et si personne n'a rien vu,
enfonce-toi dans la jungle.

Il se peut qu'il se mette à pleuvoir.
Ce n'est pas grave, tu pourras toujours t'abriter

sous une grande feuille. Puis, en attendant que l’orage
s’éloigne, joue donc un petit air de flûte.

Tôt ou tard, la faim te titillera. Alors, cherche un coin douillet et ombragé pour pique-niquer. Rassemble quelques pousses de bambou et des morceaux d'écorce au cas où un éléphant voudrait se joindre à toi. Ne lésine pas sur la quantité car les éléphants ont bon appétit… Et pas de pizza ni de chips, s'il te plaît !

Viendra sans doute un moment où tu croiseras un chimpanzé.
Si tu oses, demande-lui l'autorisation de te balancer avec lui.

Dès que tu verras le nid d'un aigle, saute !
Et demande au rapace de t'emporter dans les airs
aux confins de la forêt.

Arrivé là-bas, observe attentivement les environs. Si tu remarques une grosse forme grise, approche-toi sur la pointe des pieds. C'est le moment de vérifier s'il s'agit bien d'un éléphant.

Ce n'est pas un éléphant ? Alors, reprends tes recherches, tout simplement.

Si tu te sens fatigué, trouve une colline
dont l'herbe haute ondule dans la brise.
Grimpe au sommet, déplie ta couverture
et allonge-toi sur le sol.

Puis, bercé par le chant des criquets,
laisse les éléphants envahir tes rêves.

Mais si tu es réveillé par le sol qui tremble…

…que tu te retrouves enlacé et soulevé vers le ciel,
tu sauras que c'est l'éléphant qui t'a trouvé !